# LOS DINOSAURIOS

Escrito por: Barbara Flores, Elena Castro y Eddie Hernandez
Ilustrado por: Michael Ramirez y Mary Ramirez
Fotografia por:  Joe Rivera

1

Tríasico     Jurásico     Cretáceo

Hace 65 millones de años vivieron unos animales llamados dinosaurios que significa "lagartos terribles".

Existieron en la Era Mesozóica. Esta era tiene tres períodos: Triásico, Jurásico y Cretáceo.

En cada período vivieron diferentes tipos de dinosaurios.

3

Unos dinosaurios eran herbívoros y comían plantas en la tierra y en el agua. Un ejemplo de un dinosaurio herbívoro es el Brontosauro que significa "lagarto trueno".

El Brontosauro vivió en el período Jurásico. Era un sauropodo. Esto quiere decir que tenía cuatro patas. También tenía muy largos la cola y el pescuezo. Hace pocos años lo llamaron Apatosauro porque tenía una cabeza diferente.

Unos dinosaurios eran carnívoros. Estos cazaban carne para comer. Un ejemplo de un dinosaurio carnívoro es Tiranosaurio Rex que significa "rey reptil tirano".

El Tiranosaurio vivió en el período Cretáceo. Caminaba en dos patas y tenía garras para cazar. Sus dientes medían seis pulgadas. Fue parecido a su pariente Alosaurio.

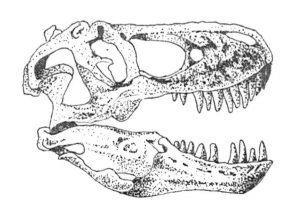

Algunos dinosaurios eran muy grandes y pesados. Uno de los más pesados era el Braquiosaurio que pesaba como 50 toneladas. El Braquiosaurio que significa "brazos enormes", también era herbívoro y caminaba en cuatro patas. Vivió en el período Jurásico y sobrevivió hasta el período Cretáceo.

Al Braquiosaurio siempre le gustaba estar en el agua porque no caminaba bien en la tierra.

Unos dinosaurios tenían placas grandes en la espalda. Estas placas los protegían de los dinosaurios carnívoros.

El Estegosaurio, que significa "lagarto blindado", es un ejemplo de un dinosaurio con placas. Vivió en los períodos Jurásico y Cretáceo.

El Estegosaurio era herbívoro y vivía solamente en la tierra.

Otros dinosaurios tenían cuernos para protegerse de los carnívoros.

El Triceratops, que significa "cara de tres cuernos" tenía tres cuernos y un escudo para defenderse del Tiranosaurio. El Triceratops vivió en el período Cretáceo y también comía plantas y prefería vivir en la tierra.

Unos dinosaurios eran muy largos y otros muy pequeños. El dinosaurio más largo fue el Diplodoco que significa "doble radio". El Diplodoco tenía la cabeza muy pequeña con dientes como lápices al frente de la boca. Solamente podía comer plantas suaves. El Diplodoco vivió en el período Jurásico. Medía noventa pies.

El Heterodontosaurio era un dinosaurio muy pequeño que sólo medía tres pies. Era carnívoro. El Heterodontosaurio, que significa "reptil de diferentes dientes", vivió en el período Jurásico.

Los dinosaurios vivieron hace muchos años. Con la ayuda de científicos que estudian los fósiles, podemos ver hoy en los museos los esqueletos
de algunos dinosaurios.